P.-C. ROBERT
Avocat, Docteur en droit

Les Droits et Obligations
des
PATRONS
et
SALARIÉS
(Commis, Employés, Ouvriers, etc.)

:: :: :: MANUEL PRATIQUE :: :: ::
AU COURANT DE LA LÉGISLATION
:: :: ET DE LA JURISPRUDENCE :: ::

Prix : **2** fr.

ÉDITIONS PRATIQUES
118, RUE DE RIVOLI, 118
PARIS

P. C. ROBERT

Avocat, Docteur en Droit

LES DROITS ET OBLIGATIONS

des

PATRONS

et

SALARIÉS

Commis, Employés, Ouvriers, etc.

MANUEL PRATIQUE

AU COURANT DE LA LÉGISLATION

ET DE LA JURISPRUDENCE

EDITIONS PRATIQUES

118, Rue de Rivoli, 118

===== PARIS =====

DROITS ET OBLIGATIONS
DES
PATRONS & SALARIÉS

TABLE DES MATIÈRES

CHAPITRE PREMIER

DES DIVERSES CATÉGORIES DE SALARIÉS

Pour montrer avec précision et clarté quels sont les *droits et obligations* des *patrons* d'une part, et des *salariés* d'autre part, dans leurs rapports mutuels relatifs au travail, il est nécessaire, tout d'abord, de distinguer deux catégories de salariés : 1º les ouvriers; 2º les commis ou employés.

Sont *ouvriers* ceux qui se livrent, au profit d'un patron, à un *travail manuel*, en vue d'adapter ou de transformer des choses matérielles (par exemple, les coupeurs dans l'industrie du vêtement, sont des ouvriers).

Sont *commis* ou *employés* ceux qui, sans adapter ou transformer une matière, aident le patron dans son commerce, dans ses affaires, dans ses travaux intellectuels; (les comptables, les commis à la vente, les placiers, les commis-voyageurs, sont des employés).

Les contremaîtres et chefs d'ateliers sont ouvriers s'ils partagent l'occupation des ouvriers qu'ils dirigent. Dans le cas contraire ils sont employés.

On ne se préoccupe, pour établir la classification ci-dessus, ni de la nature de l'établissement où le travail s'exécute (fabrique, magasin, atelier), ni de la manière dont s'effectue le paiement des salaires (au mois, à la semaine, etc.)

Le *représentant de commerce*, à la différence du *voyageur de commerce*, n'est pas un salarié. C'est *un simple mandataire de la maison qu'il représente*, et ce sont les règles spéciales du mandat qui doivent lui être appliquées dans ses rapports avec sa maison.

L'agent de Compagnies d'assurances est tantôt un simple mandataire, tantôt un employé, suivant les conditions de son engagement.

En dehors des « ouvriers » et « employés », il y a une autre catégorie de salariés : Ce sont les domestiques, serviteurs à gage qui donnent leurs soins à la personne du maître (servantes, valets de chambre, cuisiniers), ou à la propriété du maître (jardiniers, concierges). Nous n'avons pas à nous en occuper ici.

La plupart des règles ci-après s'appliquent, *à la fois, aux employés et aux ouvriers*. Nous indiquerons celles qui ne s'appliquent qu'à l'une de ces deux catégories.

CHAPITRE II

DES BUREAUX DE PLACEMENT
AU POINT DE VUE DE L'ENGAGEMENT
DES EMPLOYÉS OU OUVRIERS.

———

Les frais de placement, autrefois supportés par les employés ou ouvriers, seront, désormais, supportés *par les seuls patrons.*

On s'expose à des poursuites correctionnelles en recevant, des employés ou ouvriers, pour frais de placement, une rétribution quelconque, même si elle était spontanément offerte.

Le bureau de placement qui aurait fourni un employé ou un ouvrier malhonnête, alors qu'il avait la possibilité de se renseigner, pourrait se voir demander légitimement des dommages-intérêts par le patron lésé.

Les difficultés avec les bureaux de placements doivent être portées : s'il s'agit d'un délit, devant le commissaire de police, sous forme de dépôt de plainte; s'il s'agit de demande en indemnité, devant le juge de paix ou devant le tribunal civil, suivant le cas.

Nota. — Pour les dispositions spéciales à la réglementation des bureaux de placement, voir l'article 79 et les suivants du Code du Travail et de la Prévoyance Sociale.

CHAPITRE III

CONDITIONS DE VALIDITÉ DU CONTRAT DE LOUAGE DE SERVICES

Pour que le contrat de louage de services soit valable, plusieurs conditions doivent être remplies :

Iʳᵉ Condition. — **Il faut que les parties soient capables de contracter valablement.**

Peuvent valablement prendre des employés et s'engager envers eux : Tous ceux qui ne sont pas compris dans les exceptions du paragraphe ci-après. Le peuvent notamment : Le patron mineur émancipé, la femme mariée habilitée par son mari à faire le commerce.

Ne peuvent valablement prendre des employés : Le mineur non émancipé (sans l'autorisation de son père ou tuteur); la femme mariée non habilitée par son mari à faire le commerce (sans une autorisation spéciale de son mari).

Peuvent valablement louer leurs services et s'engager envers un patron : Tous ceux qui ne sont pas compris dans les exceptions du paragraphe ci-après. Le peuvent notamment : Le mineur émancipé, la femme divorcée majeure, la femme séparée de corps.

Ne peuvent valablement louer leurs services à un patron : Le mineur non émancipé (sans l'autorisation expresse ou tacite du père ou tuteur), la femme mariée non expressément autorisée par son mari.

Exceptionnellement, la femme mariée abandonnée par le mari pourrait obtenir du tribunal l'autorisation de contracter valablement.

Le patron qui prendrait à son service une femme mariée, contrairement à la volonté du mari de celle-ci, s'exposerait à payer des dommages-intérêts.

Les père, mari, tuteur, qui autorisent leurs fils, femme, pupille à louer leurs services, ne peuvent leur permettre valablement d'accomplir des travaux qui leur sont interdits par la loi (travaux dangereux, etc.)

2e Condition. — Il faut que les parties aient donné leur consentement.

Ce consentement ne serait pas valable s'il était donné par *erreur*, extorqué par *violence*, ou surpris par *dol*.

Les conventions entachées d'erreur, de violence ou de dol ne sont pas nulles de plein droit. Elles doivent être annulées par le tribunal.

3e Condition. — Il faut que l'objet du contrat soit bien précisé.

L'objet du contrat c'est, d'un côté, *le travail que l'employé promet de faire*, et, de l'autre côté, la *rémunération consentie pour ce travail*.

En cas de contestation sur la rémunération, s'il n'y a pas de preuve écrite, les juges fixent ce qui revient à l'employé en tenant compte des usages, des cas analogues, du travail fourni, etc.

4e Condition. — Il faut que l'objet de l'obligation de chaque partie ne soit pas contraire à la loi, à l'ordre public ou aux bonnes mœurs.

Exemples d'obligations viciant le contrat à raison de leur objet : Engager ses services pour se livrer à des opérations de vol, d'escroquerie, de contrebande, ou accepter une fonction dans une maison de jeu ou de débauche.

Quand il y a doute, les tribunaux examinent le genre d'opérations auxquelles se livre le patron. Si ces opérations sont illicites ou immorales, les contrats de louage de services qui ont pour effet d'en assurer l'exécution sont déclarés nuls.

Quelques clauses illicites, nulles ou entraînant la nullité du contrat. — La loi ne permet d'engager ses services qu'*à temps* ou *pour une entreprise déterminée* (Art. 20, C. du Travail). Un engagement contracté pour la *vie entière* est *nul*. De même, serait nul un engagement pour une certaine durée qui, en raison de l'âge du contractant, équivaudrait, pour ce dernier, à aliéner le reste de son existence, le calcul étant basé sur la durée moyenne de la vie humaine.

Est nul l'engagement de faire un travail déterminé pour lequel il faudrait toute la durée de l'existence de celui qui s'oblige, si, du moins, ce dernier était tenu de faire le travail seul et sans se faire aider.

Est souvent nulle, la clause interdisant à un placier, à un voyageur de commerce, à un agent d'assurances, de remplir, dans une maison concurrente, des fonctions analogues à celles qu'il exerce dans la maison de son patron, s'il vient à quitter celle-ci. Pour que cette clause soit valable, il faut que l'interdiction ne s'étende pas *à la fois* à *toute la vie* de l'employé et à *toutes les maisons similaires*. Si elle est perpétuelle, il faut qu'elle ne vise qu'une ville ou une région. Si elle s'applique à toutes les villes, il faut qu'elle n'ait qu'une faible durée : deux ans, cinq ans.

Ce sera là une question laissée à l'entière appréciation des tribunaux. D'ailleurs, plus la clause sera modérée, plus les tribunaux seront portés à la déclarer valable.

Exceptionnellement, *quand il s'agit d'un ouvrier, l'engagement ne peut excéder un an*, à moins que le contractant ne soit contremaître, conducteur des autres ouvriers, ou qu'il n'ait un traitement et des conditions stipulées dans un acte exprès.

Sauf preuve d'une convention contraire, la durée de l'engagement des salariés est réglée suivant l'usage des lieux.

CHAPITRE IV

FORMES ET RÉDACTION DU CONTRAT DE LOUAGE DE SERVICES

Sous quelles formes, patrons et employés, doivent-ils s'engager les uns envers les autres? — Rien de spécial n'est obligatoire en cette matière.

Donc, deux manières de contracter : 1° verbalement; 2° par écrit.

Le *contrat verbal* de louage de services, très fréquent dans la pratique, devrait être évité à raison des difficultés de preuve qu'il peut soulever.

Exceptionnellement, le contrat écrit de travail *entre patrons et ouvriers* (industriels ou agricoles) est *exempté du timbre et de l'enregistrement.* Il doit donc être fait en double, sur papier libre.

Au contraire, entre *patrons* et *employés*, la même faveur n'existe pas. Le contrat de travail, pour ces derniers, doit, en principe, être établi en double, sur papier timbré, et comporte un droit d'enregistrement de 1 fr. 25 %.

Lorsqu'il s'agit d'enfants mineurs, de femmes mariées, l'approbation du père ou tuteur, ou celle du mari, est nécessaire. Elle se manifeste par leur signature au contrat.

En ce qui concerne les enfants mineurs de moins de dix-huit ans, ils seront munis d'un livret sur lequel seront inscrites la date de l'entrée dans l'atelier, celle de la sortie, et diverses autres indications.

Ces livrets seront remis gratuitement, et sur demande, par les maires des communes, aux père mère, tuteur ou patron.

CONSEILS SPÉCIAUX
AUX PATRONS ET AUX EMPLOYÉS
POUR LA RÉDACTION DES CONTRATS

Avoir soin de :

1º Préciser les nom, prénoms et adresse des parties;

2º Bien indiquer *la nature de l'emploi* dont il s'agit, ainsi que les obligations générales et spéciales imposées à l'employé.

3º Fixer *la durée de l'engagement,* qui ne doit, en aucun cas, atteindre les limites de l'existence de l'employé. Fixer *le délai dans lequel les parties doivent se prévenir* si elles viennent à se séparer, ou indiquer qu'elles peuvent se donner congé sans préavis;

4º Fixer *le montant des appointements ou salaires, l'époque des paiements.* Préciser les indemnités spéciales en espèces ou en nature, la participation sur les bénéfices ou le tant pour cent sur le chiffre d'affaires s'il en est accordé.

5º Prévoir, s'il y a lieu, une *rupture éventuelle* du contrat, volontaire ou pour cas de force majeure, ainsi que les conséquences possibles de cette rupture;

6º Prévoir les cas de *vacances annuelles, d'absences extraordinaires* : (pour décès dans la famille ou maladie);

7º Fixer la rémunération éventuelle des *heures de travail supplémentaire;*

8º Fixer *le montant du cautionnement,* s'il est convenu d'en fournir un. L'employé doit prendre garde que la somme qu'il consent à donner en garantie ne soit pas, par des termes ambigus, transformée en *apport social* ou en *prêt de consommation.* Il peut exiger que le versement ait lieu en banque et qu'il n'y puisse être touché pendant toute la durée du contrat.

9º S'il s'agit d'un *commis-voyageur,* fixer le *nombre minimum des jours de voyage* devant avoir lieu chaque année;

10º Accorder ou refuser le droit de s'occuper de toute autre *affaire, concurrente ou non*;

11º Fixer les *pays qui doivent être visités,* la manière dont les *ordres* doivent être pris et transmis, la fréquence des *correspondances* avec la maison;

12º Fixer *le minimum d'affaires* à transmettre à la maison pendant chaque année du contrat;

13º Régler la question de la commission sur les *commandes envoyées par les clients* à la maison en dehors des voyages. En principe ces commandes doivent profiter au voyageur comme s'il les avait recueillies lui-même;

14º Indiquer si le contrat expire au bout du délai fixé ou s'il est renouvelé de plein droit *par tacite reconduction* et pour combien de temps. *Délai éventuel de préavis. Indemnité de renvoi,* s'il y a lieu;

15º Régler *avec modération* la question de l'*interdiction de voyager,* après rupture ou expiration du contrat, dans un certain rayon et pendant un certain délai.

16º Si c'est un *mineur* qui engage ses services, faire signer avec lui le père ou le tuteur.

17º Si c'est une *femme mariée,* faire signer le mari pour autorisation de sa femme, et s'il refuse de signer, s'abstenir.

18º Si l'ouvrier ou employé engagé est un *étranger,* s'assurer qu'il a fait sa *déclaration de résidence* et qu'il possède un extrait du registre d'immatriculation.

DU RÈGLEMENT D'ATELIER

Caractère juridique.—Le *règlement d'atelier*, ostensiblement affiché par le patron, connu et accepté de l'ouvrier, est la loi de leurs rapports et gouverne leur conduite. L'ouvrier est considéré comme ayant accepté tacitement les conditions de travail déterminées par un règlement d'atelier par cela seul qu'il a connu ce règlement, soit au moment de son entrée, soit au cours du temps qu'il a passé dans l'établissement.

Si le patron se réclame, contre un ouvrier, du règlement d'atelier, c'est à lui à prouver que cet ouvrier l'a connu et accepté. Il peut faire cette preuve par témoins et par simples présomptions. La preuve une fois faite, le tribunal sera obligé d'appliquer le règlement comme il appliquerait la clause d'une convention.

Affichage. — Il est bon que le *règlement d'atelier* soit affiché, non seulement dans les bureaux de l'établissement, mais aussi dans les locaux industriels. Le placer en un endroit clair, à une hauteur convenable et qui en permette la lecture.

CONSEILS SPÉCIAUX AUX CHEFS D'ÉTABLISSEMENT POUR LA RÉDACTION DES RÈGLEMENTS D'USINE OU D'ATELIER.

1º Fixer le *mode* et la *durée du travail* quotidien, aux diverses époques de l'année, avec indication des heures d'entrée et de sortie ainsi que du temps laissé pour les repas.

2º Discipline du travail en vue de la sécurité du personnel, de la salubrité, et du maintien des bonnes mœurs;

3º Mesures de police intérieure en dehors du travail, savoir : défense de prendre les *repas dans l'établissement*; *sortie* des salles de travail, *visites* des parents ou amis du personnel, *heures d'accès* dans les diverses salles, etc. ;

4° Mode d'engagement, *à la semaine* ou *à la journée.* Droit de quitter l'usine avec ou sans *obligation de préavis,* avec ou sans obligation de donner la *raison de son départ.* Droit réciproque, pour la direction, de donner congé *dans les mêmes conditions* et *sans indemnité;*

5° Epoque et mode de paiement du salaire;

6° *Non-responsabilité* du patron pour les *outils appartenant aux ouvriers* et déposés par eux dans l'atelier, en cas de perte ou de détérioration;

7° Fixer les *amendes* en cas d'absence, de retard, de détérioration ou pour toute autre cause. Indiquer à quelle œuvre ou caisse ouvrière ces amendes doivent être versées;

8° *Faire signer* à tout nouvel ouvrier ou la *feuille d'embauchage* ou un *registre spécial,* mais, avoir soin de lui faire déclarer qu'il a pris connaissance du règlement et l'accepte;

9° *Afficher le règlement* dans toutes les salles de travail, le *déposer au Conseil des Prudhommes,* et faire mention dans le texte de cet affichage et de ce dépôt.

CHAPITRE V

OBLIGATIONS DU PATRON RÉSULTANT DU CONTRAT DE LOUAGE DE SERVICES

Obligations diverses. — Le patron doit mettre l'ouvrier à même d'exécuter le travail en lui fournissant les outils et instruments nécessaires. Il doit prendre les mesures utiles à la sécurité du personnel.

Salaires. — Le patron est tenu de *payer les salaires* des ouvriers ou les appointements des employés en monnaie d'or ou d'argent ou en billets de banque ayant cours. Il ne peut plus les payer en nature, comme cela arrivait autrefois. Toute convention contraire est nulle.

Les *ouvriers* doivent être payés au moins deux fois par mois, les *employés* au moins une fois par mois. Le paiement ne peut avoir lieu le jour du repos hebdomadaire. Il ne peut s'effectuer dans un débit de boisson ni dans un magasin de vente, à moins que le salarié n'y travaille.

Travail aux pièces. — Pour tout *travail aux pièces* de longue durée, l'ouvrier doit recevoir des acomptes *chaque quinzaine* et être intégralement payé dans la quinzaine qui suit la livraison de l'ouvrage.

Travail supplémentaire. — Tout travail *supplémentaire* non prévu au contrat, oblige le patron à une rémunération supplémentaire.

Remises et gratifications. — Les *remises et tant pour cent spéciaux* sont dûs au même titre que les salaires et dans les mêmes conditions. Les *gratifications*, au contraire, ne peuvent être exigées. Le patron ne les alloue que s'il le juge à propos.

Intérêt dans les bénéfices. — L'*employé intéressé*, (même ayant versé un capital dont les intérêts lui sont payés en même temps que sa part de bénéfices), reste *un employé*.

S'il a un fixe, il y a droit intégralement. S'il n'a pas de fixe, il a droit à sa part convenue dans les bénéfices annuels de l'entreprise. Il ne participe pas aux pertes. Chaque année se règle séparément et l'on ne peut balancer les bénéfices d'une année avec les pertes d'une année précédente ou suivante.

En principe, l'employé intéressé, recevant des appointements fixes, est soumis à son patron comme un autre employé, et, par suite, n'a pas le droit de discuter ses ordres. Au contraire, on admet que l'employé intéressé qui n'a pas de fixe, mais qui touche seulement une quote-part des bénéfices annuels, peut, dans une certaine mesure, discuter l'opportunité des affaires d'où dépend sa participation.

Sauf convention contraire, l'employé intéressé aux *bénéfices nets* a droit à sa part sur tous les bénéfices nets de la maison, *quels qu'ils soient*, effectués pendant la durée de son engagement.

Qui établit ces bénéfices? Le patron, et comme il l'entend. Si le patron abuse ou se trompe, les tribunaux seuls peuvent rectifier ses comptes. Pour opérer cette rectification, ceux-ci ont le droit : 1º de faire examiner les livres par un arbitre; 2º de les examiner eux-mêmes; 3º d'en ordonner la communication à l'intéressé en entourant au besoin celle-ci

de toutes les garanties et de toutes les restrictions nécessaires.

Compensation. — Lorsqu'un *ouvrier* quelconque ou un *employé ayant un traitement annuel de moins de 2.000 francs,* doit des sommes à son patron pour *fournitures diverses,* le patron ne peut lui retenir ces sommes sur les salaires ou appointements dûs, à moins toutefois qu'il ne s'agisse : 1º d'outils et instruments nécessaires au travail; 2º de matières et matériaux dont l'ouvrier a la charge et l'usage; 3º des sommes avancées pour l'acquisition de ces mêmes objets.

Lorsqu'un *ouvrier* quelconque ou un *employé ayant un traitement annuel de moins de 2.000 francs,* a reçu de son patron une *avance en espèces* (en dehors du cas prévu par le paragraphe 3 ci-dessus), le patron ne peut se rembourser qu'au moyen de retenues successives ne dépassant pas le dixième du montant des salaires ou appointements exigibles.

Les acomptes sur un travail en cours ne sont pas considérés comme des avances.

Au cas où, dans les circonstances ci-dessus, des *ouvriers* ou *employés* auraient remboursé à leur patron, sur leurs salaires, ou appointements, des sommes plus fortes que celles auxquelles ils étaient tenus, ces remboursements sont-ils définitivement valables? Oui, ces remboursements sont valables, mais à la *condition absolue* que les patrons intéressés *puissent prouver* que leurs ouvriers ou employés *ont eu à leur disposition leur salaire intégral* (et que par conséquent ils ont agi librement et sans contrainte).

Cette preuve étant très difficile à faire, les patrons devront se montrer prudents.

Clauses pénales. —Les *amendes,* et autres sanctions règlementaires, sont légitimes quand elles sont prévues soit par les conventions individuelles soit par le *règlement* d'usine ou d'atelier qui est *la loi des parties*, à la seule condition que ce règlement ait été connu et accepté par l'ouvrier au moment où celui-ci a été engagé. En cas de difficulté, c'est au patron qu'il appartient de faire cette preuve.

Les *retenues pour malfaçons* sont, de même, légitimes en principe, lorsqu'elles sont prévues au règlement. Si elles donnent lieu à des difficultés, il faut en référer au Conseil des Prudhommes.

Économats interdits. — Il est désormais interdit à tout employeur : 1º d'annexer à son établissement un *économat* où il vende à ses employés, ou à leur famille, des denrées ou marchandises de quelque nature que ce soit; 2º d'imposer à ses ouvriers et employés l'obligation de dépenser leur salaire en totalité ou en partie dans les magasins indiqués par lui.

Néanmoins, le salarié peut être encore *logé* et *nourri* par son patron, si, en outre, il reçoit un salaire déterminé, en argent. Il peut aussi recevoir de son patron des fournitures au prix coûtant.

Nota. — L'article 77 du Code du Travail et de la Prévoyance sociale édicte des règles spéciales en ce qui concerne les Économats des réseaux des chemins de fer et ceux annexés aux établissements industriels dépendant des sociétés dans lesquelles le capital appartient en majorité aux ouvriers et employés de l'entreprise.

Le salaire est créance privilégiée. — Sur les sommes dues pour travaux aux entrepreneurs de travaux publics, les tiers ne peuvent faire opposition au détriment des *ouvriers* auxquels il est dû des salaires ou des *fournisseurs* qui ont fourni des matériaux. On paie d'abord les ouvriers, ensuite les fournisseurs, et les autres créanciers n'arrivent qu'en dernier rang.

Quand un patron est mis en liquidation judiciaire ou en faillite, la créance des *ouvriers* à son service est *privilégiée* pour toute la partie correspondant aux *trois mois* qui ont précédé l'ouverture de la liquidation judiciaire ou de la faillite.

Quand un patron est mis en liquidation judiciaire ou en faillite, la créance de ses *employés* est *priviligiée* pour toute la partie correspondant aux *six mois* antérieurs à la déclaration de la liquidation judiciaire ou de la faillite s'il s'agit d'appointements fixes, et également pour toute la partie correspondant aux trois derniers mois précédant le jugement déclaratif, s'il s'agit de commissions définitivement acquises pendant ces trois derniers mois, alors même que la cause de ces créances remonterait à une époque antérieure.

Les règles des deux paragraphes ci-dessus ne s'appliquent que si le patron est commerçant. Elles ne s'appliquent ni aux sociétés civiles ni aux patrons non commerçants.

Les maçons, charpentiers et autres ouvriers employés pour édifier, reconstruire ou réparer des bâtiments, canaux ou autres ouvrages quelconques, ont, pour le paiement de leur salaire, une action directe contre celui pour lequel les ouvrages ont été faits, mais seulement jusqu'à concurrence de ce qui est dû par ce dernier à l'entrepreneur au moment où l'action est intentée.

Les ouvriers qui ont travaillé à la récolte, ou à la fabrication, ou à la réparation d'ustensiles agricoles, ont, pour le paiement de leur salaire, un privilège sur la récolte de l'année (Art. 2102 Code Civil, § 1).

Les ouvriers qui ont travaillé à la conservation de la chose ont, pour le montant de leur salaire, un privilège sur la chose elle-même (Art. 2102, Code Civil, § 3).

Les ouvriers employés à la construction, à la réparation, à l'armement et à l'équipement du navire ont, pour le montant de leur salaire un privilège sur le navire (Art. 191, Code de Commerce). Les matelots et gens de l'équipage ont de même pour les salaires du dernier voyage un privilège sur le navire et sur le frêt (Art. 191. 271 et 272 du Code de Commerce).

Prescription. — Passé le délai de *six mois*, les *ouvriers* n'ont plus le droit de s'adresser à un tribunal pour obtenir le paiement de leurs journées, fournitures et salaires. Il y a *prescription*. Cette prescription a lieu, que les travaux aient ou non été continués. Pour empêcher la prescription, il aurait fallu arrêter les comptes, obtenir une reconnaissance de la dette ou assigner devant un tribunal, avant l'expiration du délai de six mois.

CHAPITRE VI

DROITS DES CRÉANCIERS DES EMPLOYÉS ET OUVRIERS, SUR LES SALAIRES ET APPOINTEMENTS DE CES DERNIERS.

Dixième cessible et dixième saisissable. — Les salaires des ouvriers, quel que soit leur montant, et les appointements des employés ne dépassant pas 2.000 francs, sont *insaisissables* pour *neuf dixièmes* et *saisissables* seulement pour *un dixième*.

Les dits salaires et appointements peuvent être *cédés jusqu'à concurrence d'un autre dixième*.

Les appointements supérieurs à 2000 fr. peuvent être saisis conformément au droit commun, soit dans la proportion fixée par les tribunaux s'il s'agit d'employés ordinaires, soit à l'égard des fonctionnaires publics et employés civils, jusqu'à concurrence du tiers, du quart, du cinquième, suivant l'importance des appointements.

Pour calculer à combien s'élève le *dixième cessible* ou le *dixième saisissable*, il faudra ajouter au fixe de chaque employé, les commissions, remises, participations qui complètent son traitement.

Le patron de l'employé en devra déclaration, sous sa responsabilité pour le cas où il induirait le créancier en erreur et où celui-ci viendrait à le prouver.

Le *dixième cessible* peut être cédé, par le salarié, à qui il lui plaît. S'il a fait plusieurs cessions, c'est la première signifiée au patron qui aura la préférence.

Les cessions et saisies faites pour le paiement des dettes alimentaires (c'est-à-dire des aliments que la loi ou le tribunal mettent à la charge des époux, parents, enfants), ne sont pas limitées au dixième. Elles peuvent embrasser le montant total des salaires, sauf à être réduites par le Tribunal.

PROCÉDURE DE LA SAISIE-ARRÊT

S'il y a titre. — Si le créancier a un titre, il doit d'abord obtenir le *visa* du greffier de la justice de paix, du domicile du débiteur saisi.

Pas de titre. — S'il n'y a pas de titre, il faut l'autorisation du dit juge de paix qui peut essayer de concilier les parties.

Signification. — Si les parties ne se concilient pas, il sera signifié par huissier un exploit au patron de l'employé saisi.

A partir de ce moment, le patron ne doit plus payer à son employé que la partie du salaire non saisie; s'il passait outre, il serait responsable vis-à-vis du créancier.

Validité de saisie. — La procédure se poursuit par l'instance en validité de saisie-arrêt. Le juge de paix, prononçant sans appel, dans la limite de sa compétence, et à charge d'appel à quelque valeur que la demande puisse s'élever, valide la saisie s'il y a lieu.

A cette audience, le patron de l'employé saisi doit comparaître personnellement et déclarer ce qu'il lui doit, sous peine d'être rendu responsable et condamné aux frais.

Jugement par défaut. — Si le jugement est rendu *par défaut*, le greffier en avisera la partie qui a fait défaut, par lettre recommandée.

Opposition. — Il ne pourra être fait opposition que dans les huit jours de la date de la dite lettre. L'opposition se fera par déclaration écrite, sur un registre, au greffe de la justice de paix.

Jugement contradictoire. — Toutes les parties sont prévenues, par lettre recommandée du greffier, pour la plus prochaine audience utile où le jugement qui intervient est réputé contradictoire.

Appel. — On a dix jours pour faire appel.

Répartition. — Après l'expiration des délais de recours, le juge répartit aux ayants droits les sommes saisies entre les mains du patron.

CHAPITRE VII

OBLIGATIONS DU SALARIÉ
RÉSULTANT
DU CONTRAT DE LOUAGE DE SERVICES

Travail à fournir. — Etant payé pour un service déterminé à fournir dans un lieu quelconque : bureau, magasin, usine, atelier, chantier, etc., les *employés* ou *ouvriers* sont tenus de *fournir le service promis* en se conformant au contrat ou aux usages et en observant les règles de l'usine ou de l'atelier. C'est leur première obligation. La présence de la personne au lieu où doit s'exercer la fonction ne suffit pas. Il faut exécuter le travail convenu.

Durée du travail. — D'une manière générale on peut dire que la loi n'a pas fixé la durée de la journée de travail.

Cependant, le décret du 9 septembre 1848 établit que la journée des ouvriers adultes est limitée à 12 heures de travail effectif « dans les manufactures et usines ».

De plus, la loi du 2 novembre 1892 fixe la durée du travail des enfants, filles mineures et femmes dans les établissements industriels.

Enfin, la loi du 30 mars 1900 fait profiter les adultes de la limitation obligatoire pour les enfants, filles mineures et femmes, dans les établissements où ces derniers sont occupés.

Permissions ou congés. Obligations et droits réciproques. — Si les permissions ou congés ne sont pas prévus dans l'engagement, ils ne peuvent avoir lieu sans l'autorisation du patron. En cas de contestation, c'est l'employé qui doit rapporter la preuve de l'autorisation.

Si le patron veut renvoyer son employé pour cause d'*absence injustifiée*, il doit au préalable le mettre en demeure de reprendre son travail, sous peine de renvoi.

Si l'absence de l'employé a une cause légitime et urgente, celui-ci doit avertir son patron, ou le représentant de ce dernier, dans la mesure du possible. S'il agit ainsi, il ne pourra, pour ce fait, être congédié sans indemnité.

Le patron n'encourt aucune responsabilité en remplaçant un ouvrier ou un employé ayant lui-même quitté son travail pour cause de maladie, n'ayant pas reparu les jours suivants, et ayant négligé de faire savoir au patron s'il pourrait ou non reprendre sa fonction.

Si le patron, sollicité de permettre une absence à son employé, la lui refuse, l'employé ne peut passer outre. S'il le fait, le patron a le droit de le congédier sans indemnité.

Cas de maladie. — Si l'employé ou l'ouvrier qui travaille *à la journée*, est *malade*, et ne peut travailler, il n'a pas droit à son salaire.

S'il s'agit de personnes employées *autrement qu'à la journée* et se trouvant dans ce même cas, il y a une question d'appréciation assez délicate. Pour une courte absence de maladie, le patron ne devrait pas retenir le salaire correspondant. Si l'absence venait à se prolonger et si le patron ne pouvait attendre, le mieux serait de congédier le salarié régulièrement.

Mais le patron se mettrait dans un mauvais cas s'il congédiait un employé ou un ouvrier sérieux pour une absence courte et légitime.

Responsabilité pour « sabotage », retard, malfaçon, trouble, divulgation des secrets industriels. — L'ouvrier n'a pas le droit de détériorer volontairement la *marchandise* ou le *matériel* de son patron. Cet acte connu sous le nom de « sabotage » expose son auteur : 1º à des dommages-intérêts; 2º à un emprisonnement de deux à cinq ans; 3º à une amende.

L'ouvrier n'est responsable des malfaçons d'un ouvrage que s'il a commis une *faute lourde*. Dans ce cas, le patron peut lui réclamer des dommages-intérêts.

Si le patron a chargé son ouvrier d'un travail qu'il savait être au-dessus de ses forces, en aucun cas il ne pourra lui faire grief des malfaçons.

L'ouvrier est responsable du retard dans l'exécution du travail si ce retard s'est produit par sa faute.

Le salarié qui trouble l'ordre dans le lieu du travail, peut être condamné par le Conseil des Prudhommes à un emprisonnement de un à trois jours.

Tout employé ou ouvrier qui aura communiqué ou tenté de communiquer à des étrangers, ou même à des français, les secrets de la fabrique où il travaille, sera puni, suivant le cas : 1º d'un emprisonnement de trois mois à deux ans ou de deux ans à cinq ans; 2º d'une amende de 16 à 200 francs ou de 500 à 20.000 francs; 3º de la privation des droits civils et politiques pendant cinq ou dix ans. Sans préjudice des dommages-intérêts, quelquefois considérables, auxquels il serait exposé.

CHAPITRE VIII

DES SYNDICATS PROFESSIONNELS,
AU POINT DE VUE DES RAPPORTS
ENTRE PATRONS ET SALARIÉS

Conventions collectives. — Entre les chefs d'industrie ou les syndicats patronaux, d'une part, et les syndicats professionnels, composés d'ouvriers ou d'employés d'autre part, sont intervenues, depuis la loi de 1884, de nombreuses conventions relatives au salaire, aux heures de travail, etc., etc. Les tribunaux déclarent *valables* ces sortes de conventions qui lient tous les membres du syndicat. Seuls seraient déliés les membres du syndicat qui donneraient leur *démission*.

Intervention judiciaire des syndicats. — Les syndicats peuvent se porter partie civile dans une poursuite pour contravention ou délit exercée contre un particulier et où seraient engagés les intérêts généraux de la corporation.

Droit de l'ouvrier. — Faire partie d'un syndicat est un droit, pour chaque ouvrier ou employé. Le patron qui renverrait un salarié parce qu'il a usé de ce droit, ou qui voudrait le contraindre à n'en pas user, sous peine de renvoi, commettrait une faute qui engagerait sa responsabilité.

Le patron qui veut se défaire d'un ouvrier *parce que syndiqué,* se mettrait donc dans son tort s'il laissait paraître, ou même deviner, la raison du renvoi.

Mise à l'index. — Il est permis à un syndicat de mettre une maison à l'index; mais il ne lui est pas permis d'user d'injures, de menaces, de manœuvres violentes ou déloyales. C'est ainsi que des affiches renfermant des propos injurieux ou diffamatoires envers le patron dont la maison est mise en interdit, engagent la responsabilité du syndicat à qui il peut être demandé réparation du dommage causé.

Coalition ou boycottage. — De même, un syndicat qui, au lieu de s'en tenir à la défense des intérêts professionnels, se coalise dans un but de haine et de tracasserie, par exemple pour boycotter un contremaître ou un ouvrier, — commet une faute et doit indemnité à la partie lésée, dans la mesure du tort qu'il a causé.

Arbitrage. — La loi du 27 décembre 1892 traite des différends collectifs entre patrons et ouvriers et établit l'arbitrage facultatif.

CHAPITRE IX

DES ACCIDENTS DU TRAVAIL

Principe de l'indemnité. — Les accidents survenus par le fait du travail, *dans toute entreprise commerciale ou industrielle,* donnent droit, au profit de la victime ou de ses représentants, à une indemnité *à la charge du chef de l'entreprise,* à la condition que l'interruption du travail ait duré plus de quatre jours. Cette question est régie par la loi du 9 avril 1898 complétée, par les lois du 22 mars 1902, 31 mars 1905, 12 avril 1906 et par le décret du 28 février 1899.

Taux de l'indemnité. — L'ouvrier a droit :

Pour l'*incapacité absolue et permanente,* à une rente égale aux deux tiers de son salaire annuel.

Pour l'*incapacité partielle et permanente,* à une rente égale à la moitié de la réduction que l'accident aura fait subir au salaire.

Pour l'*incapacité temporaire,* à une indemnité journalière égale à la moitié du salaire touché au moment de l'accident. L'indemnité est due à partir du cinquième jour après celui de l'accident : toutefois, elle est due à partir du premier jour, si l'incapacité de travail a duré plus de dix jours.

Lorsque l'accident est suivi de mort, une pension est servie aux personnes ci-après :

1º Une rente viagère, égale à 20 % du salaire annuel de la victime, pour le conjoint survivant et non divorcé ou non séparé de corps.

2º Pour les enfants légitimes ou naturels, reconnus avant l'accident, orphelins de père ou de mère, âgés de moins de seize ans, une rente calculée sur le salaire annuel de la victime, à raison de 15 % de ce salaire s'il n'y a qu'un enfant, de 25 % s'il y en a deux, de 35 % s'il y en a trois, et de 40 % s'il y en a quatre ou un plus grand nombre.

Pour les enfants, orphelins de père ou de mère, la rente est portée, pour chacun d'eux, à 20 % du salaire.

L'ensemble de ces rentes ne peut, dans le premier cas, dépasser 40 % du salaire, ni 60 % dans le second.

3º Si la victime n'a ni conjoint ni enfants, chacun des ascendants et descendants qui étaient à sa charge recevra une rente, viagère pour les ascendants, et payable jusqu'à seize ans pour les descendants. Cette rente sera égale à 10 % du salaire annuel de la victime, sans que le montant total des rentes ainsi allouées puisse dépasser 30 %.

Quand le salaire annuel dépasse 2.400 francs, les victimes ne bénéficient de ces dispositions que jusqu'à concurrence de cette somme.

Ces rentes sont incessibles et insaisissables.

Frais divers. — Le chef d'industrie supporte, en outre, les frais médicaux et pharmaceutiques et les frais funéraires (100 francs au maximum).

La victime peut choisir son médecin et son pharmacien. Dans ce cas, le juge de paix fixe le maximum de la dépense qui peut incomber au chef d'industrie.

Le chef d'industrie est seul tenu, dans tous les cas, des frais d'hospitalisation (maximum 4 francs par jour pour Paris, 3 fr. 50 ailleurs).

Le chef d'industrie pourra désigner au juge de paix un médecin pour le renseigner sur l'état de la victime. S'il y a contestation sur l'état du malade, il y a lieu à expertise dans les cinq jours.

Cas de responsabilité. — Si un tiers est responsable de l'accident, il pourra lui en être demandé compte, et, s'il est condamné, le chef d'industrie sera déchargé d'autant.

Si la victime a intentionnellement provoqué l'accident, il n'y a lieu à aucune indemnité.

DÉCLARATION DES ACCIDENTS ET ENQUÊTES

Déclaration. — Tout accident, ayant occasionné une incapacité de travail, doit être déclaré, dans les quarante-huit heures, par le chef de l'entreprise ou ses préposés, au maire de la commune qui dresse procès-verbal et donne récépissé.

La déclaration d'accident pourra être faite, dans les mêmes conditions, par la victime ou ses représentants, jusqu'à l'expiration de l'année qui suit l'accident.

Sont punis d'une amende de 1 à 15 francs, les chefs d'industrie ou leurs préposés qui n'ont pas fait les déclarations voulues par la loi.

Certificat médical. — Dans les quatre jours qui suivent, si la victime n'a pas repris son travail, le chef d'entreprise doit déposer à la mairie un certificat de médecin indiquant l'état de la victime et les suites probables.

Compétence. — Sont compétents pour régler les difficultés en cette matière :

1º Le juge de paix pour les frais funéraires et les indemnités temporaires, pour les frais médicaux et pharmaceutiques;

2º Le tribunal civil pour incapacité permanente de travail.

Au cas de *décès de la victime,* le président du tribunal civil appelle les parties, constate leur accord s'il y a lieu, ou les renvoie devant le tribunal.

Assistance judiciaire. — L'assistance judiciaire est accordée, de plein droit, à la victime d'un accident ou à ses ayants droits.

Assurance. — Les chefs d'industries peuvent se garantir des risques de la loi sur les accidents du travail, par le moyen des sociétés d'assurances à primes fixes ou mutuelles, ou des syndicats de garantie. Ces organisations sont soumises au contrôle rigoureux de l'Etat.

Dispositions générales. — Toute convention contraire à la loi sur les accidents du travail est nulle, de plein droit.

Est passible d'amende, tout chef d'entreprise ayant opéré, sur le salaire de ses ouvriers et employés, des retenues pour l'assurance des risques mis à sa charge par la dite loi.

CHAPITRE X

FIN DU CONTRAT DE LOUAGE DE SERVICES

Certaines règles, en cette matière, s'appliquent *à tous les contrats*, que leur durée soit déterminée ou non.

D'autres ne s'appliquent qu'aux *contrats à durée déterminée.*

D'autres, enfin, ne s'appliquent qu'aux *contrats à durée indéterminée.*

RÈGLES COMMUNES A TOUS LES CONTRATS

Accord des parties. — Le patron et l'ouvrier ou l'employé, peuvent, à n'importe quel moment, rompre leur engagement s'ils sont d'accord pour cela.

Cas de force majeure. — Lorsque, pour une raison qui ne dépend de la volonté d'aucune des parties, l'engagement ne peut s'exécuter, le contrat est rompu.

Il n'y a pas lieu à indemnité si le cas de force majeure n'est pas le résultat d'une faute.

Exemples de cas de force majeure : Les maladies graves et de longue durée de l'ouvrier ou de l'employé ; les infirmités graves ; la destruction fortuite de l'usine qui oblige le patron à cesser son industrie ; la guerre, etc...

La cessation *volontaire* d'une industrie ne rompt pas le contrat.

Mort, faillite ou liquidation judiciaire. — Le contrat n'est rompu ni par la mort ni par la faillite ou la liquidation judiciaire du patron. Ses héritiers, ou le liquidateur, sont tenus en principe d'exécuter le contrat ou de payer une indemnité.

En cas de faillite ou de liquidation judiciaire, l'employé qui a un engagement de durée ne peut quitter son emploi que si on ne lui offre pas des garanties suffisantes.

Le contrat est naturellement rompu par la mort de l'employé.

Vente du fonds de commerce. — Si le patron vend son industrie et si les employés *ne peuvent ou ne veulent* rester au service de l'acheteur, ils ont droit à une indemnité.

L'ancien patron devrait également une indemnité si le nouveau patron ne tenait pas, vis-à-vis des employés, les engagements dont il se serait chargé.

Appel sous les drapeaux. — Si un patron, ou un employé, ou un ouvrier est appelé sous les drapeaux comme réserviste ou territorial pour une période obligatoire d'instruction militaire, le contrat de travail ne peut être rompu de ce fait. En outre, si pour une raison légitime le contrat était rompu par l'une des parties, au cours de la période militaire, la durée de la dite période devrait être ajoutée au délai de préavis. Exception est faite pour le cas d'entreprise temporaire prenant fin pendant la période d'instruction militaire.

Toute convention contraire est nulle.

En cas d'appel sous les drapeaux pour cause de mobilisation, le contrat est rompu sans que l'absence de préavis puisse donner lieu à indemnité.

Il en est différemment du conscrit qui doit aviser son patron dans les délais d'usage, sous peine d'indemnité.

Femmes en couches. — La suspension du travail par la femme, pendant huit semaines consécutives dans la période qui précède et suit l'accouchement, ne peut être une cause de rupture, par l'employeur, du contrat de louage de services. La femme doit avertir le patron du motif de son absence.

En cas de renvoi, *pour cette cause*, la femme pourrait prétendre à des dommages-intérêts et l'assistance judiciaire lui serait accordée de plein droit.

Pendant les couches, la femme ne peut exiger le paiement de son salaire.

Fautes graves. — Le patron peut légitimement, et par conséquent sans indemnité, renvoyer son employé pour *faute grave*. Par exemple : Si l'employé ne remplit pas ses engagements, s'il cherche à faire des profits illégitimes au détriment de son patron en s'entendant avec les clients ou les fournisseurs de celui-ci, s'il lui manque de respect, s'il le vole, s'il s'enivre ou cause du scandale, s'il fait à son patron une concurrence déloyale, etc...

Par contre, un employé peut légitimement et sans indemnité, quitter son patron, si celui-ci l'a menacé, injurié, a levé la main sur lui, etc.

Dans ces différents cas, s'il y a un engagement de longue durée, le mieux est de s'adresser au tribunal et d'attendre sa décision. En faisant justice soi-même on risque d'avoir à payer de grosses indemnités.

RÈGLES SPÉCIALES AUX CONTRATS DE DURÉE DÉTERMINÉE

Échéance du terme. — L'arrivée de la date fixée termine l'engagement. Le non-renouvellement de ce dernier ne saurait donner lieu à indemnité.

On convient souvent qu'au bout du délai fixé (trois ans, cinq ans, etc.), le contrat se renouvellera par *tacite reconduction*, si aucune des deux parties ne donne à l'autre avis contraire. Dans ce cas, le contrat est valable pour une période nouvelle égale à la première et aux mêmes conditions.

Si cette clause n'a pas été insérée au contrat, et si l'employé reste dans la maison, il y reste avec les mêmes avantages pécuniaires et autres qu'il a eus au début, mais sans obligation de durée de part ni d'autre. Il pourra, à tout moment, être donné congé dans les conditions d'usage.

Clauses exceptionnelles. — Est valable, la *clause d'essai* qui lie l'employé pour une durée fixe et qui permet au patron de se dégager si l'employé ne le satisfait pas.

Est valable, la convention par laquelle l'employé est lié pour un temps déterminé plus ou moins long, tandis que le patron peut rompre le contrat en cours à sa volonté, sauf à respecter le délai de préavis.

RÈGLES SPÉCIALES AUX CONTRATS DE DURÉE INDÉTERMINÉE

Le louage de service dont la durée n'a pas été déterminée peut toujours cesser par la volonté *d'une seule* des parties contractantes.

Le patron n'est soumis à aucune forme pour donner congé à un employé. Sa seule préoccupation doit être de pouvoir faire la preuve du congé si l'employé est de mauvaise foi. Le patron peut : 1º demander à l'employé de reconnaître par écrit le congé signifié verbalement ou par lettre non recommandée; 2º lui envoyer une lettre pliée sur elle-même et sans enveloppe, ou une carte-lettre, recommandée; 3º s'il est prévu des difficultés, faire faire signification par huissier.

Si le congé est donné à une femme mariée ou à

un mineur, il sera bon de le signifier, en même temps, soit au mari, soit au père ou au tuteur.

Du délai-congé. — On appelle ainsi le délai qui existe entre le moment où le patron donne congé et celui où l'employé quitte la maison. La durée du délai-congé dépend de l'usage des lieux, auquel, dans le silence des contrats, les parties sont censées s'être référées. Or, en cette matière, les usages sont très imprécis et très variables.

A Paris, le délai-congé accordé aux *employés* est en général fixé comme suit (période d'instruction militaire *à ajouter* au délai, s'il y a lieu) : quinze jours pour les employés au mois ou pour les employés à la quinzaine; huit jours pour les employés à la semaine; il n'y a pas de délai imposé pour les employés à la journée.

En ce qui concerne les *voyageurs* et *représentants*, il faut distinguer :

Pour les *commis-voyageurs* appointés en fixe et *à la commission*, le délai-congé est d'un mois.

Pour les *commis-voyageurs et agents à la commission* attachés à une seule maison, le délai est aussi d'un mois.

S'ils sont attachés à plusieurs maisons, aucun délai-congé n'est imposé.

En ce qui concerne les *employés supérieurs*, le délai est en rapport avec l'importance de l'emploi. Il peut être de trois mois, six mois, suivant les cas.

En ce qui concerne les *ouvriers*, le délai-congé est généralement de huit jours.

Il est accordé *deux heures* par jour, généralement au début de l'après-midi, à toute personne ayant reçu ou donné congé, pour lui permettre de trouver un nouvel emploi.

Par exception, peuvent être renvoyés sans délai-congé : les ouvriers raffineurs, tanneurs, boulangers, ouvriers en bâtiments, mécaniciens, garçons de cafés, ouvriers déménageurs, charretiers, cochers de fiacre et quelques autres.

Dans beaucoup de départements, les délais de préavis diffèrent de ceux de Paris. Pour les employés de province, le délai-congé est en général d'un mois.

Il ne paraît pas indispensable que le délai-congé parte d'un quantième déterminé. Il peut donc partir du 5, du 10, du 15, aussi bien que du jour de la fin du mois.

Toute modification importante des conditions, que le patron veut *imposer* à son employé, et qui met celui-ci dans l'obligation d'accepter ou de quitter la maison, doit être signifiée en respectant le même délai de préavis que s'il s'agissait d'un congé pur et simple.

De l'indemnité. — La rupture du contrat par la volonté d'un seul des contractants, peut donner lieu à des dommages-intérêts, et cela dans le cas ou celui qui donne congé a *abusé de son droit* et a *causé un dommage* à l'autre.

Le droit de celui qui donne congé *est présumé* et c'est à l'autre à prouver l'abus et le dommage.

Un salarié ne peut légitimement demander une indemnité à un patron qui lui a donné congé *selon l'usage* et n'a commis *aucune faute,* quel que soit le préjudice subi par le salarié.

Quand le patron n'a *pas observé le délai-congé* d'usage, le salarié a droit à une indemnité équivalente à la part d'appointements dont il se trouve ainsi frustré.

S'il n'y a pas d'usage établi dans certains cas déterminés, les intéressés doivent faire au mieux et les tribunaux apprécient.

Le salarié a également droit à une indemnité, si, tout en ayant respecté les délais, le patron lui a donné congé : 1º par esprit de tracasserie ou dans un but de vengeance, comme par exemple s'il lui reproche d'exercer un droit normal qui lui est conféré par la loi ; 2o sans motif suffisant alors qu'il y avait promesse de le conserver encore longtemps ; 3o pour refus de travail au-delà de la limite légale.

En sens inverse, l'employé est responsable soit d'un congé *brusque*, soit d'un congé *abusif*, donné à son patron, et, en principe, lui doit l'indemnité d'usage. Notamment, en cas de grève brusquement déclarée, *quelle qu'en soit la cause*, le contrat de travail est rompu et chacun des ouvriers est susceptible de condamnation à des dommages-intérêts.

Montant de l'indemnité à allouer. — Pour l'établir, il est tenu compte par les tribunaux des usages, de la nature des services engagés, du temps écoulé, des retenues opérées et des versements effectués en vue d'une pension de retraite, et, en général, de toutes les circonstances qui peuvent justifier l'existence et déterminer l'étendue du préjudice causé.

Chaque cas comporte une solution différente et il n'est pas possible de donner ici de règle fixe.

Validité des clauses pénales. — Si, dans le contrat, il a été établi des *clauses pénales* pour le cas où les conditions seraient violées, ces clauses sont valables et le tribunal en assurera l'application.

Clause interdite. — Le patron et l'employé ne peuvent *par une formule générale* renoncer à l'avance au droit éventuel de demander des dommages-intérêts pour rupture injustifiée du contrat. Cette clause serait nulle.

Clauses licites. — Les parties peuvent valablement renoncer au délai de préavis.

Les clauses pénales ayant pour but de fixer à l'avance et à forfait le chiffre de l'indemnité de brusque résiliation sont valables, mais ne s'imposent pas aux tribunaux. Ceux-ci ont le droit de sanctionner ces clauses s'il les jugent sérieuses et équitables, comme aussi, dans le cas contraire, de les annuler.

A QUOI EST OBLIGÉ LE PATRON QUAND LE CONTRAT DE LOUAGE DE SERVICES A PRIS FIN

Cautionnement. — Le contrat ayant pris fin, le patron doit rembourser immédiatement le cautionnement.

Le patron qui conserverait la somme donnée en garantie, après l'expiration du délai fixé pour le remboursement, commettrait un *abus de confiance* et serait susceptible de *poursuites correctionnelles*.

Exception est faite, lorsque le patron a droit de retenues sur les sommes données en garantie. Dans ce cas, il devra faire intervenir le tribunal immédiatement, par exemple en pratiquant une saisie-arrêt entre ses propres mains.

Certificat. — Tout salarié peut, à l'expiration de son contrat, exiger de son patron, sous peine de dommages-intérêts, un certificat contenant exclusivement la date de son entrée, celle de sa sortie et l'indication du travail auquel il a été employé. Ce certificat est exempt de timbre et d'enregistrement (Code du travail, art. 24). Il peut être légalisé par le maire, le juge de paix ou le commissaire de police du domicile du patron.

Le patron ne peut donc fournir, sur le certificat, des renseignements mauvais, et l'employé ne peut en exiger de bons.

Le patron peut obliger le salarié qui reçoit le certificat à lui en donner *récépissé*.

Renseignements. — Les renseignements donnés sur un salarié, d'une manière *confidentielle*, avec une entière *bonne foi*, et une sincérité exclusive de toute intention de nuire, ne peuvent constituer une faute ni engager la responsabilité du patron (Cour de Cassation).

Toutefois, et en principe, les patrons feront bien de fournir seulement des renseignements *verbaux* et d'être très circonspects.

Si dans le but de faciliter le placement d'un employé, il était fourni un renseignement *faux* (que l'on saurait être faux), et si, par la suite, il en résultait un *dommage* (vol, violences, etc.), la victime du dommage pourrait demander indemnité à l'auteur du renseignement.

C'est l'application pure et simple du droit commun.

A QUOI EST OBLIGÉ LE SALARIÉ QUAND LE CONTRAT DE LOUAGE DE SERVICES A PRIS FIN

Le salarié qui a quitté son patron doit s'abstenir :

1o De révéler les secrets de la maison où il a travaillé, qu'il les ait connus par suite de ses fonctions ou autrement.

2o De faire à son ancien patron une concurrence déloyale. Pourront être considérés comme constituant cette concurrence, tous actes abusifs d'anciens employés nouvellement établis qui chercheraient à accaparer à leur profit la clientèle de leur ancienne maison : embauchage des commis-voyageurs, représentants à qui l'on a fait quitter leur place; équivoques ou attaques dans des circulaires, etc.

TRIBUNAUX AUXQUELS DEVRONT S'ADRESSER LES PATRONS, LES EMPLOYÉS ET LES OUVRIERS EN CAS DE PROCÈS

Compétence. — Les difficultés entre patrons et salariés, relatives au contrat de travail, doivent être jugées :

1o Entre *ouvriers* et *patrons*, par le Conseil des Prud'hommes, quelque soit le montant de la demande;

2o Entre *employés* et *patrons*, par le Conseil des

Prud'hommes quand le montant de la demande
ne dépasse pas 1.000 francs;

3º Entre *employés* et *patrons*, par le Tribunal
de Commerce, quand le montant de la demande
dépasse 1.000 francs.

4º Entre *anciens salariés* et *anciens patrons*, pour
faits postérieurs à la résiliation du contrat de travail
et au départ du salarié, par le Tribunal de Commerce
si les faits sont d'ordre purement commercial;

5º Entre *représentants de commerce* et *leur maison*
par le Tribunal de Commerce;

Les Prud'hommes jugent en dernier ressort : 1º sur
la demande principale ne dépassant pas 300 francs;
2º sur les demandes reconventionnelles ne dépassant
pas 300 francs.

Si l'une des deux demandes dépasse 300 francs
(en capital), le jugement sur les deux n'est qu'en
premier ressort.

Les jugements du Conseil des Prud'hommes
rendus en premier ressort peuvent être déclarés
exécutoires par provision et sans caution jusqu'à
concurrence du quart de la somme, sans que ce quart
puisse dépasser 100 francs.

Les jugements des Conseils de Prud'hommes rendus
en premier ressort, sont (pendant dix jours à partir
de la signification) susceptibles d'appel devant le
Tribunal Civil. Dans ce cas, le ministère d'un avoué
n'est pas obligatoire.

Preuves. — Le patron étant *commerçant* et le
salarié étant *non commerçant*, le patron ne pourra
utiliser contre le salarié à son service que les modes
de preuve admis en matière civile. Au contraire,
le salarié pourra avoir recours à tous les moyens de
preuves admis en matière commerciale, et, notamment, à la preuve par témoin et simples présomptions
même au-dessus de 150 francs. Théoriquement,
le salarié se trouve favorisé par ce fait même. En

pratique, les règlements d'atelier organisent, notamment en matière de paiement, des modes de constatation qui préviennent les discussions.

Les § 1er et § 2, titre III, du Code du Travail et de la Prévoyance Sociale, traitent des moyens de constater les conventions relatives aux salariés en matière de tissage, de bobinage, de coupe du velours de coton, de teinture, blanchîment et apprêts des étoffes.

PROCÉDURE DEVANT LES CONSEILS DE PRUD'HOMMES

Le demandeur cite son adversaire devant le bureau de conciliation par une lettre qui indique l'objet de la demande.

Les parties doivent s'y rendre en personne.

En cas de maladie ou d'absence, le salarié peut se faire représenter.

Le chef d'entreprises commerciales ou industrielles peut toujours se faire représenter par un de ses directeurs ou employés.

Le mandataire doit être porteur d'un pouvoir sur papier libre.

Les parties peuvent toujours se faire assister d'un avocat ou d'un avoué.

PROCÉDURE DEVANT LE TRIBUNAL DE COMMERCE

Le demandeur fait citer son adversaire par exploit d'huissier.

Les parties peuvent se présenter elles-mêmes ou se faire représenter par un avocat, un agréé, ou un simple mandataire.

CHAPITRE XI

DU TRAVAIL AUX PIÈCES
RÈGLES SPÉCIALES

Exécution du travail. — Celui qui s'est chargé d'un travail aux pièces doit l'exécuter conformément aux règles et usages de la profession et le livrer sans malfaçon.

En principe, le travail doit être fait par l'ouvrier a qui il a été confié. Celui-ci n'a pas le droit de le transmettre à un autre ouvrier sans s'être mis, pour cela, d'accord avec son patron.

Malfaçon. — En cas de *malfaçon*, ou bien le patron refuse l'ouvrage, ou bien il impose à l'ouvrier une réduction du prix convenu pour le travail.

Si plusieurs ouvriers ont travaillé successivement à une même pièce et s'il y a malfaçon, le patron s'en prendra au dernier ouvrier, qui pourra lui-même s'en prendre aux ouvriers précédents.

Quand le patron a reçu le travail, il ne peut, dans la suite, faire à l'ouvrier aucune réclamation pour malfaçon.

Délais de livraison. — Il ne suffit pas à l'ouvrier qui travaille aux pièces de livrer l'ouvrage exécuté, il faut qu'il le livre dans les délais convenus. Sans quoi il est passible de dommages-intérêts.

Si aucun délai n'a été convenu pour la remise du travail, l'ouvrier doit le remettre dans des délais raisonnables qu'en cas de difficultés, les tribunaux auraient à apprécier.

Seul le cas de *force majeure* peut dispenser l'ouvrier de réparer le dommage causé par son retard.

L'ouvrier qui ne rendrait pas à son patron l'objet à lui confié pour être réparé, s'exposerait à des poursuites correctionnelles.

Risque de la chose. — Si la matière qui doit être travaillée vient à périr ou à se détériorer entre les mains de l'ouvrier, la perte ou la détérioration en sont à *la charge de celui à qui elle appartient*. Or, la matière appartient à l'ouvrier si c'est lui qui la fournit, et cela jusqu'à la réception ou à la mise en demeure, moment à partir duquel elle appartient au patron. Si c'est le patron qui a fourni la matière, elle lui appartient, et c'est lui qui en est responsable. Le travail exécuté sur la matière a le même sort que la matière elle-même.

Si la matière fournie par le patron a péri ou a été détériorée par la faute de l'ouvrier, celui-ci doit le remboursement à son patron.

Déchet. — Dans la plupart des industries, il y a, pour toute matière confiée, un déchet minimum convenu et forfaitaire. Quand l'ouvrier est responsable de la perte de la matière, il ne l'est qu'au-delà de ce minimum.

Refus de prendre livraison. — Si le patron ne prend pas livraison de l'ouvrage exécuté, l'ouvrier a le droit de le mettre en demeure, et cela par acte d'huissier ou par simple lettre recommandée. Au cas où, au bout de deux ans, le patron n'aurait pas retiré l'ouvrage, l'ouvrier pourrait le faire vendre aux enchères et se payer sur le prix.

Nouveau travail. — En principe, patron et ouvrier sont dégagés l'un vis-à-vis de l'autre quand l'ouvrier a rapporté le travail à son patron. Si le patron confie à l'ouvrier un autre travail semblable, sans conditions nouvelles, ce nouveau travail sera payable aux conditions du premier.

Résiliation imposée par le patron. — Le patron peut résilier, par sa seule volonté, le *marché à forfait*, quoique l'ouvrage soit déjà commencé, en dédommageant l'entrepreneur de ses dépenses, de tous ses travaux et de tout ce qu'il aurait pu gagner dans l'entreprise. Cette règle ne s'applique qu'au *marché à forfait*. Elle est valable soit que l'ouvrier fournisse seulement son travail, soit qu'il fournisse en même temps la matière.

Décès du patron. — Si le patron vient à mourir en cours de travail aux pièces, l'ouvrier doit continuer ce dernier et le livrer aux héritiers.

Faillite. Liquidation judiciaire. — Si le patron tombe en faillite, ou en liquidation judiciaire, l'ouvrier peut cesser le travail, à moins que le syndic ou le liquidateur ne garantisse le complet paiement des salaires.

Décès de l'ouvrier. — Si l'ouvrier vient à mourir, le patron agit suivant l'état dans lequel se trouve le travail. Si ce dernier n'est pas commencé, le patron ne doit absolument rien; si le travail est commencé, le patron doit aux héritiers le prix de la partie accomplie de l'ouvrage; si le travail est achevé, le patron en doit le prix intégral.

Maladie. — Si l'ouvrier tombe malade ou se trouve dans l'impossibilité de continuer son travail, la question doit se régler d'une manière analogue.

Droit de retention. — Lorsqu'un ouvrier a reçu un objet pour le travailler et qu'on ne lui paie pas son salaire, il a le droit de retenir l'objet jusqu'au paiement. Au bout de deux ans, si la situation est la même, il peut faire vendre l'objet aux enchères et se payer sur le prix. Il devra, pour cela, s'adresser au juge de paix du canton où se trouve son domicile.

Sous-traitants. — Il est interdit, aux ouvriers dits tacherons ou marchandeurs, sous peine de poursuites correctionnelles, de se charger pour un prix à forfait, d'une partie de travail et de la faire exécuter par d'autres ouvriers à la journée, en gagnant sur le salaire de ces derniers.

Cette interdiction ne vise pas les *sous-entrepreneurs patrons*, mais seulement les *ouvriers* qui chercheraient à spéculer sur le travail de leurs camarades.

La jurisprudence, d'ailleurs, est assez variable en cette matière. Les tribunaux ont tantôt permis tantôt condamné les opérations visées ci-dessus.

CHAPITRE XII

CONTRAT D'APPRENTISSAGE

———

Le contrat d'apprentissage est celui par lequel un fabricant, un commerçant, un chef d'atelier, un ouvrier s'oblige à enseigner la pratique de sa profession à une autre personne qui s'oblige, en retour, à travailler pour lui.

Forme du contrat. — Il peut être établi devant notaire, secrétaire de Conseil de Prud'hommes, greffier de Justice de Paix, moyennant deux francs d'honoraires. Il peut être établi par simple acte sous seing privé et même verbalement. Dans ce dernier cas, la preuve par témoin n'en est reçue que conformément aux principes du droit civil.

L'acte contient : les nom, prénoms, profession et domicile du maître, de l'apprenti, des père, mère de ce dernier, de son tuteur ou de la personne autorisée par les parents et, à leur défaut, par le juge de paix; la date et la durée du contrat, les conditions de logement, de nourriture, de prix, etc. Il est signé par le maître et par les représentants de l'apprenti.

Durée. — Il n'est pas permis de convenir que la durée de l'*apprentissage* dépassera le maximum de la durée consacrée par les usages locaux (soit généralement deux années, sauf exceptions spéciales

à certaines régions et à certains corps de métiers).
Sanction : Le temps peut être réduit ou le contrat
résilié.

Enregistrement. — L'acte est soumis à un droit
fixe de 1 fr. 50.

Conditions. — Pour recevoir des apprentis mineurs,
il faut être âgé de plus de vingt et un ans.

Aucun maître ne peut loger comme apprenties
des jeunes filles mineures s'il est célibataire, veuf,
séparé de corps ou divorcé. Mais il peut les recevoir
à ce titre pendant le jour. Il peut même les loger
si sa mère ou sa sœur sont présentes dans la maison.

Ne peuvent recevoir des apprentis — sauf (dans
certains cas) autorisation du préfet ou du maire —
les condamnés pour crimes, attentats aux mœurs,
ou pour certains délits tels que : escroquerie, abus
de confiance, filouterie, tromperies sur la qualité ou
la quantité de la marchandise.

La femme mariée, autorisée par son mari à faire
le commerce, peut avoir des apprenties.

Obligations du maître. — Le maître doit se con-
duire envers l'apprenti en bon père de famille,
surveiller sa conduite et ses mœurs, et avertir ses
parents ou représentants de ses fautes graves ou de
ses mauvais penchants. Il doit aussi les prévenir
sans retard en cas de maladie, d'absence illégitime
ou de fait grave.

Le maître ne peut, comme le père, exercer contre
l'apprenti le droit de correction. Il ne peut user
que de punitions légères.

Il n'emploiera l'apprenti — sauf conventions
contraires — qu'aux travaux de sa profession.

Si l'apprenti âgé de moins de seize ans ne sait
pas lire, écrire et compter, ou s'il n'a pas encore
terminé sa première éducation religieuse, le maître

est tenu de lui laisser prendre, sur la journée de travail, le temps et la liberté nécessaires pour compléter son instruction, sans dépasser deux heures par jour. Si l'apprenti de moins de treize ans n'a pas son certificat d'instruction primaire, le maître est tenu de déclarer à la mairie, s'il entend faire donner l'instruction chez lui ou dans une école publique ou privée : il est responsable de l'assiduité à l'école.

Le maître enseignera à l'apprenti sa profession et lui délivrera, à la fin de l'apprentissage, un certificat constatant l'exécution du contrat.

A moins de convention contraire, le maître ne doit aucun salaire à l'apprenti.

Devoirs de l'apprenti. — L'apprenti doit à son maître, fidélité, obéissance et respect. Il doit l'aider de son mieux dans le travail. Il est tenu de remplacer, à la fin de l'apprentissage, le temps qu'il n'a pu consacrer à son maître par suite de maladie ou d'absence ayant duré plus de quinze jours.

Comment prend fin l'engagement. — Les deux premiers mois constituent une période d'essai, pendant laquelle le contrat peut être annulé par le volonté de l'une des parties — cela sans indemnité, à moins de conventions expresses.

Le contrat d'apprentissage finit de plein droit :

1o Par la mort du maître ou de l'apprenti;

2o Si l'apprenti ou le maître est appelé au service militaire;

3o Si le maître ou l'apprenti vient à être frappé de condamnation pour crime, attentat aux mœurs ou a plus de trois ans de prison pour délits spéciaux.

4o Pour les filles mineures, dans le cas de divorce du maître, de décès de l'épouse du maître, ou de toute autre femme de la famille qui dirigeait la maison à l'époque du contrat.

Le contrat peut être rompu, par décision judiciaire sur la demande de l'une des parties :

1º Si l'une des parties manque à ses engagements;

2º Pour infractions graves aux lois réglant les conditions du travail des apprentis;

3º Pour inconduite habituelle de l'apprenti;

4º Si le maître change de résidence;

5º Si le maître ou l'apprenti encourt une condamnation de plus d'un mois;

6º Si l'apprenti vient à se marier.

Responsabilité du maître. — Le maître est responsable vis-à-vis des tiers du dommage à eux causé par les actes, *quels qu'ils soient*, de son apprenti, à moins qu'il n'apporte la preuve qu'il n'a pu empêcher les dits actes.

Tribunaux compétents. — Les difficultés entre maîtres et apprentis seront réglées par le Conseil de Prud'hommes, ou par le Juge de Paix dans les cantons ne dépendant d'aucun Conseil de Prud'hommes.

CHAPITRE XIII

DES RETRAITES OUVRIÈRES
AU SEUL POINT DE VUE DES RAPPORTS
ENTRE PATRONS ET SALARIÉS

On sait qu'une loi du 5 avril 1910 a établi, au profit des salariés, une retraite de vieillesse. Nous dirons ici, simplement, à quoi sont obligés les employeurs et les employés, vis-à-vis les uns des autres, en raison de la dite loi.

Assurés obligatoires. — Sont considérés comme assurés obligatoires et ont eu à subir un prélèvement sur le salaire depuis le 3 juillet 1911 : tous les salariés des deux sexes et de tout âge dont la rémunération annuelle ne dépasse pas le chiffre de 3.000 francs, savoir : tous les ouvriers ou employés d'usine, d'atelier, de bureau, tous ceux qui travaillent au chantier, aux champs, les voyageurs de commerce, les employés de bureau, les commis de magasin, les rédacteurs des journaux, les serviteurs à gages, les jardiniers, concierges, etc.

Peu importe d'ailleurs, le mode de règlement du salaire ou le mode de travail; que le salarié soit payé à l'année, au mois, à la journée, à l'heure, qu'il travaille à façon, à la tâche, aux pièces, à domicile, il est considéré comme salarié et participe aux obligations et aux avantages de la loi (1).

_____

(1) *Ce que tout le monde doit savoir sur la Loi des Retraites Ouvrières et Paysannes,* brochure de vulgarisation, publiée par le *Comité Général de Propagande Mutualiste et Sociale.*

Les femmes salariées, les enfants salariés, sont soumis aux dispositions de la loi.

Ne restent en dehors de ses dispositions que les salariés de l'Etat soumis au régime des pensions civiles ou militaires, les ouvriers et employés des Compagnies de chemins de fer, des mines, les inscrits maritimes.

Obligation de versements. — Les retraites de vieillesse compórtent : 1º des versements obligatoires et facultatifs des assurés; 2º la contribution des employeurs; 3º les allocations viagères de l'Etat.

Les versements des assurés obligatoires sont établis sur les bases suivantes : 9 francs par an pour les hommes, soit 0 fr. 75 par mois, ou 3 centimes par journée de travail; 6 francs par an pour les femmes, soit 0 fr. 50 par mois ou 2 centimes par journée de travail; et 4 fr. 50 pour les mineurs au-dessous de 18 ans, soit 0 fr. 375 par mois ou 1 cent. 5 par journée de travail.

Les employeurs doivent verser les mêmes sommes.

La contribution de l'employeur reste exclusivement à sa charge : toute convention contraire est nulle.

Comment se font les versements. — Les versements des salariés sont prélevés sur le salaire, par l'employeur, lors de chaque paie. Chaque assuré reçoit gratuitement une carte personnelle d'identité ainsi que des cartes annuelles destinées à l'apposition de timbres constatant les versements effectués obligatoirement pour son compte, ou facultativement par lui-même.

Le montant total du prélèvement et de la contribution patronale est représenté par un timbre mobile que l'employeur doit apposer sur la carte de l'assuré.

Les sociétés de secours mutuels, les caisses d'épargnes ordinaires et celles prévues par la loi peuvent se charger de l'encaissement des versements obligatoires ou facultatifs de leurs adhérents, si ceux-ci en font la demande.

Elles peuvent recevoir d'avance les versements obligatoires des assurés, à condition de les inscrire sur leurs cartes avec une mention spéciale.

Dans ce cas, les employeurs s'acquittent de leurs contributions par l'apposition d'un timbre mobile.

Listes d'assurés. — Chaque année, dans la première quinzaine d'avril, une commission, prévue par la loi, dresse une liste provisoire des personnes placées sous le régime de l'assurance obligatoire.

Le maire fait remettre à chaque intéressé inscrit pour la première fois, un bulletin qu'il est invité à remplir et à déposer à la mairie dans la huitaine. Ce bulletin indique la caisse d'assurance dont il est fait choix, faute de quoi le compte sera ouvert à la Caisse nationale des retraites pour la vieillesse.

Sur le vu des bulletins et autres renseignements et après vérification avant le 31 mai, la liste est arrêtée définitivement par le préfet.

Cartes et timbres apposés. — La *carte d'identité* porte un numéro matricule. La *carte annuelle* indique la caisse d'assurance où le compte de l'assuré est ouvert.

Les timbres à apposer sont remis par le Ministère du Travail. Ils constatent les divers versements opérés par les patrons, les employés, etc.

Ce sont les maires qui délivrent les cartes aux intéressés.

La carte annuelle, comme son nom l'indique, est remplacée chaque année.

Salariés travaillant à façon, aux pièces, etc.

1º Salariés rémunérés à façon, aux pièces ou à la tâche qui, dans le cours d'une année, travaillent régulièrement pour un seul patron ou pour plusieurs patrons successifs : Les versements et contributions sont réglés comme pour les salariés rémunérés d'après la durée du travail;

2° Salariés travaillant par intermittence pour un employeur, mais dont le travail additionné fait des mois ou des journées entières : Les versements et contributions sont réglés comme pour les salariés rémunérés d'après la durée du travail;

3° Salariés dont la durée de la période de travail est moindre d'une journée, ou travaillant à domicile. Les versements et contributions sont calculés par centimes, à raison de 1 % du salaire, sans pouvoir dépasser par jour 3 centimes pour les hommes, 2 centimes pour les femmes et 1 cent. 1/2 pour les mineurs de 18 ans.

Les versements obligatoires des salariés et les contributions patronales, calculés conformément aux règles qui précèdent, sont dûs pour tout paiement de salaire : toutefois, quand il est constaté par les timbres ou mentions apposés sur la carte d'un salarié que, pour l'année de validité de la carte, l'ensemble des contributions patronales déjà versées a atteint le chiffre de 9 francs pour les hommes, 6 francs pour les femmes et 4 fr. 50 pour les mineurs de 18 ans, les employeurs peuvent cesser leurs versements pour la dite année.

Allocation de l'État. — Tout salarié qui, pendant trente ans, a versé les cotisations prévues par la loi, reçoit de l'Etat une allocation annuelle et viagère de 60 francs qui s'ajoute au chiffre de la retraite produit par les versements des assurés et de l'employeur.

L'allocation est réduite dans la mesure des versements si ceux-ci n'ont pas été réguliers.

Époque de la retraite. — L'âge de la retraite est fixé à 65 ans. Cependant, les assurés sont admis à faire valoir leur droit à la liquidation anticipée de la retraite à partir de 55 ans.

Droit des veuves et enfants survivants. — La veuve et les enfants des assurés morts avant d'avoir droit à la retraite reçoivent des allocations diverses.

Sanctions. — L'employeur ou l'assuré par la faute duquel l'apposition des timbres, prescrite par la loi, n'aura pas eu lieu, sera passible d'une amende égale aux versements omis. Il devra en outre faire les versements à sa charge.

L'employeur qui a été dans l'impossibilité d'apposer le timbre prescrit, pourra se libérer de la somme à sa charge, en la versant à la fin de chaque mois, directement ou par la poste, au greffier de la justice de paix ou à l'organisme reconnu par la loi auquel serait affilié l'assuré.

Caisses patronales et syndicales des retraites. — Le fonctionnement de ces caisses est établi par les articles 83 et suivants du décret du 25 mars 1911.

Recours. — Les difficultés sont tranchées par le juge de paix qui est saisi par une simple déclaration au greffe, sans frais.

L'appel, également sans frais, a lieu devant le Tribunal Civil. Pas besoin d'avoué.

CHAPITRE XIV

RÉGLEMENTATION DU TRAVAIL

DU REPOS HEBDOMADAIRE

Limite de l'obligation. — En vertu de la loi du 13 juillet 1906, un patron ne peut faire travailler un salarié plus de six jours par semaine. Mais le patron peut, sept jours sur sept, travailler lui-même et faire travailler les membres de sa famille, ascendants ou descendants directs.

Le salarié en repos hebdomadaire peut aller travailler ailleurs que chez son patron si cela lui plaît.

Le patron peut remplacer son personnel ordinaire, le jour de repos, par des « extras » à condition que ceux-ci ne viennent pas régulièrement.

Femmes et mineurs. — Les chefs d'établissements industriels ne peuvent faire travailler les femmes et mineurs de 18 ans les jours fériés c'est-à-dire : Premier de l'an, lundi de Pâques, Ascension, lundi de Pentecôte, 14 juillet, Assomption, Toussaint, Noël (loi du 2 novembre 1907).

Fixation du repos. — Le *repos hebdomadaire* doit avoir lieu du samedi à minuit au dimanche à minuit.

Le jour du repos hebdomadaire ne peut être remplacé par le chômage d'une fête légale s'il s'en trouve une dans la semaine.

Régimes dérogatoires. — A tout chef d'industrie ayant prouvé que le repos du dimanche accordé simultanément à tout le personnel, empêche le fonctionnement normal de son établissement, le préfet autorise l'usage d'un des quatre régimes de repos ci-après :

1º Repos collectif pour tout le personnel un jour autre que le dimanche;

2º Repos collectif à partir du dimanche à midi jusqu'au lundi à midi;

3º Repos du dimanche après midi seulement, avec, pour compenser, une journée complémentaire par quinzaine et par roulement;

4º Repos individuel par roulement, avec faculté de l'appliquer à tout le personnel ou à une partie, tout employé devant avoir chaque semaine, vingt-quatre heures consécutives de repos à partir d'une heure autre que minuit.

Autorisation. — Pour obtenir l'autorisation d'user d'un des quatre régimes ci-dessus, il faut en faire la demande au préfet (à Paris au préfet de police) sur feuille de papier timbré à 0 fr. 60, en indiquant : 1º le régime sollicité; 2º les raisons pour lesquelles le repos du dimanche donné à tout le personnel, préjudicierait au public, à l'établissement ou au personnel.

Le préfet peut accorder en totalité ou en partie, ou même refuser simplement. Il y a recours devant le conseil d'Etat où l'intéressé peut se présenter lui-même. Etablir le recours sur feuille de papier timbré et faire enregistrer.

Dérogations autorisées. — *Le repos par roulement* peut être adopté (*sans autorisation à demander*) par les *fabricants* pâtissiers, charcutiers, boulangers, par les restaurateurs, débitants de boissons, par les hôpitaux, pharmaciens, droguistes, par les établissements de bains, entrepreneurs de journaux, spectacles, musées, expositions, éclairage, distribution d'eau et de force motrice, transport par terre, etc...

Le repos collectif du dimanche après-midi avec compensation peut être adopté sans autorisation par les établissements de vente au détail de produits alimentaires de consommation immédiate.

Le repos composé de deux demi-journées au choix du chef de maison peut être adopté également sans autorisation par les établissements ayant moins de 5 salariés et qui ont le droit d'user du roulement.

Formalités. — Les chefs d'établissement qui jouissent d'un régime dérogatoire doivent : 1º Apposer dans leurs locaux une affiche précisant les jours et heures de repos adoptés; 2º tenir un registre constamment à jour sur lequel sera précisé le régime appliqué à chaque employé ou ouvrier.

Suspension et suppression. — *Le repos hebdomadaire* peut être suspendu pour travaux urgents, à charge de donner un repos compensateur équivalent.

Il peut même être supprimé à l'occasion d'une fête locale et dans quelques autres cas.

Sanctions. — Les chefs d'entreprise, directeurs ou gérants qui auront contrevenu à la loi sur le repos hebdomadaire, seront poursuivis devant le tribunal de simple police et passibles d'une amende de 5 à 15 francs.

L'amende sera appliquée autant de fois qu'il y aura de personnes occupées dans les conditions contraires à la loi, sans toutefois que le maximum puisse dépasser 500 francs.

Les chefs d'entreprises seront civilement responsables des condamnations prononcées contre leurs directeurs ou gérants.

En cas de récidive, le contrevenant sera poursuivi devant le tribunal correctionnel et puni d'une amende de 16 à 100 francs.

Il y a récidive lorsque, dans les 12 mois antérieurs au fait poursuivi, le contrevenant a déjà subi une condamnation pour une contravention identique.

En cas de pluralité de contraventions entraînant ces peines de la récidive, l'amende sera appliquée autant de fois qu'il aura été relevé de nouvelles contraventions, sans toutefois que le maximum puisse dépasser 3.000 francs.

Est puni d'une amende de 100 à 500 francs, quiconque aura empêché l'inspecteur de faire les constatations. En cas de récidive l'amende sera portée de 500 à 1.000 francs.

HYGIÈNE ET SÉCURITÉ DES TRAVAILLEURS.
TRAVAIL DES ENFANTS,
DES FILLES MINEURES ET DES FEMMES.

Il nous est — vu les dimensions de cet ouvrage — impossible d'étudier ici, en détail, les diverses mesures édictées pour protéger les salariés au point de vue soit de l'hygiène, soit de la sécurité, ou pour régler le travail des enfants, filles mineures et femmes.

Mais, pour permettre l'étude de ces questions à ceux qu'elles peuvent intéresser, nous allons indiquer les lois, décrets ou règlements qui en traitent :

La loi du 12 juin 1893 édicte une série de mesures relatives à l'hygiène et à la sécurité des travailleurs dans les manufactures, fabriques, usines, chantiers, ateliers, laboratoires, cuisines, caves et chais, magasins, boutiques, bureaux... publics ou privés, laïques ou religieux. Intervention des inspecteurs du travail. Mise en demeure de se conformer aux règlements. Procès-verbaux. Sanctions. Déclaration d'accidents. Droits des inspecteurs du travail.

La loi du 11 juillet 1903 complète et modifie la loi du 12 juin 1893.

Le décret du 29 novembre 1904 précise les obligations de la loi du 12 juin 1893 et de celle du 11 juillet 1903. Mesures d'hygiène, de propreté. Murs, plafonds, parquets, sol. Résidus. Emanations. Cabinets d'aisance. Aaération. Poussières. Gaz incommodes, insalubres ou toxiques. Repas dans les locaux de travail. Moteurs. Machines. Isolateurs. Barrières. Garde-corps. Dispositifs de sûreté, etc.

Le décret du 22 mars 1906, modifie les dispositions du décret du 29 novembre 1904, relativement aux mesures de sûreté à prendre en cas d'incendie.

Le décret du 2 juin 1911 modifie le décret du 29 novembre 1904.

Le décret du 28 juillet 1904 fixe les conditions du couchage du personnel dans les établissements commerciaux et industriels. Locaux. Aération. Dortoirs. Literie. Lavabos.

La loi du 2 novembre 1892 règle les conditions du travail des enfants, des filles mineures et des femmes dans les usines, manufactures, mines, chantiers, ateliers, ouvroirs, etc. Enfants de moins de 13 ans. Examen médical. Durée du travail. Travail de nuit. Surveillance des enfants. Livret. Etablissements insalubres ou dangereux. Sanctions.

Le décret du 13 mai 1893 précise les conditions d'application de la précédente loi. Différentes interdictions aux enfants, filles mineures, femmes. Limite des fardeaux. Travaux contraires aux bonnes mœurs.

La loi du 29 décembre 1900 fixe les conditions du travail des femmes employées dans les magasins, boutiques et autres locaux en dépendant. Obligation d'avoir un nombre de sièges égal à celui des femmes employées.

Le décret du 28 décembre 1909 fixe le poids maximum des charges que peuvent porter, pousser ou traîner les enfants mineurs et les femmes dans les établissements industriels.

QUELQUES LOIS SPÉCIALES

La loi du 13 juillet 1907 protège le salaire de la femme mariée ou ses bénéfices si elle est commerçante, contre le mari débauché ou dissipateur.

La loi du 1er avril 1898 permet à la femme de faire partie d'une société de secours mutuels sans l'autorisation de son mari.

La loi du 20 juillet 1886 permet : à la femme d'opérer des versements à la Caisse Nationale des retraites pour la vieillesse, sans l'autorisation de son mari, et aux enfants mineurs, sans l'autorisation du père ou tuteur.

La loi du 20 juillet 1895 permet : à la femme d'avoir un livret de caisse d'épargne et d'opérer versements et retraits sans l'autorisation du mari, sauf opposition de ce dernier et, aux enfants mineurs, sans l'autorisation du père ou tuteur, sauf opposition de ces derniers.

AFFICHAGES OBLIGATOIRES

Dans un but de protection pour certaines catégories de salariés, la loi impose dans les locaux industriels les affichages ci-après :

1º Les chefs d'établissement employant des femmes, des enfants ou des filles mineures sont tenus d'afficher dans les différents locaux : 1º les heures auxquelles commence et finit le travail; 2º la durée du repos; 3º les heures auquel il a lieu. L'inspecteur du travail doit recevoir copie de ce tableau et être informé de toutes les modifications qui y seraient apportées.

2º Les chefs d'établissements qui, en matière de repos hebdomadaire, ne sont pas soumis au régime du droit commun, c'est-à-dire chez qui le repos collectif n'est pas assuré le dimanche, sont tenus d'afficher les jours et heures du repos hebdomadaire donné aux employés et aux ouvriers. Copie de l'affiche doit être remise à l'inspecteur du travail.

3º Au cas de suspension ou suppression du repos hebdomadaire, copie de l'avertissement ou préavis, envoyé à l'inspecteur du travail, doit être affichée pendant tout le temps que durera la dite suspension ou suppression.

4º Au cas de veillées, travaux de nuits temporaires, prolongation de la durée du travail, faits en dérogation à la loi du 2 novembre 1892, en vertu des décrets postérieurs, copie de l'avis adressé à l'inspecteur du travail doit être affichée avant le commencement de la dérogation et pendant toute sa durée;

5º La loi du 9 août 1898 sur les accidents du travail doit être affichée dans tous les ateliers des établissements auxquels elle s'applique;

6º La loi du 29 décembre 1900, statuant sur le travail des femmes employées dans les magasins, boutiques ou dépendances, doit être affichée dans les dits lieux, avec nom et adresse des inspecteurs et inspectrices de la circonscription;

7º Les chefs d'établissements qui occupent des enfants, femmes ou filles mineures, doivent afficher dans tous leurs ateliers : 1º le texte de la loi du 2 novembre 1892 modifiée par la loi du 30 mars 1900; 2º les règlements d'administration publique qui concernent l'exécution de cette loi et l'industrie spéciale à l'établissement; 3º le nom et l'adresse des inspecteurs du travail dans la circonscription.

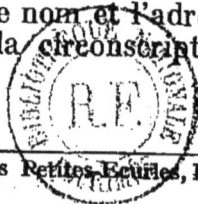

Imp. P. LANDAIS, 16, Passage des Petites-Écuries, Paris.

www.ingramcontent.com/pod-product-compliance
Lightning Source LLC
Chambersburg PA
CBHW070905210326
41521CB00010B/2059